Guy Lehideux **Jean-Marie Cuzin**
avec la collaboration historique d'**Yves Guéna**

DE GAULLE

Un destin pour la France

Éditions du Signe

Préface

Depuis des années déjà, on aurait pu garnir toute une bibliothèque avec les ouvrages consacrés au général De Gaulle, avec, au premier rang, les biographies de Jean Lacouture et de Paul-Marie de La Gorce. Et voici qu'arrivait la célébration du 70e anniversaire de l'Appel. De nouveaux livres ont paru : et l'événement a été repris dans tous les médias, journaux, radios, télévisions.

Tout était-il dit? Sans doute. Mais on pouvait encore marquer cette année 2010 par une initiative originale, une bande dessinée.

Serait-ce choquant compte tenu de la stature du général? Non, car la bande dessinée a gagné ses lettres de noblesse avec le Salon d'Angoulême. Et ne dit-on pas que De Gaulle a parfois évoqué Tintin!

Oui, une bande dessinée retraçant toute la vie de De Gaulle depuis sa naissance rue Princesse à Lille jusqu'à ses obsèques à Colombey-les-Deux-Églises et la messe à Notre-Dame avec les souverains et les présidents venus pour certains de l'autre bout du monde.

Une bande dessinée, n'était-ce pas une gageure? Peut-être, mais elle a tenu grâce à l'initiative des Éditions du Signe à Strasbourg, au talent du dessinateur Jean-Marie Cuzin, à la capacité de Guy Lehideux de forger des textes brefs et frappants qui accompagnent les illustrations.

Le lecteur, depuis les jeunes enfants férus de bandes dessinées jusqu'aux vieux compagnons de guerre du Général, ne pourront qu'être émus en découvrant – ou en retrouvant – le capitaine De Gaulle donnant l'assaut à Verdun, le colonel De Gaulle dans son char de commandement de la 4e division cuirassée, le général descendant les Champs-Élysées le 26 août 1944, sans oublier son émouvante image dans la brume de l'Irlande.

Oui, rendons cet hommage au plus illustre des Français en attendant de retrouver – qui le sait? – notre bande dessinée au premier rang l'an prochain à Angoulême.

Yves Guéna

Remerciements

Les Éditions du Signe remercient :
Claude Marmot, de la Fondation Charles de Gaulle, pour son précieux concours ;
Serge Fino pour son soutien éclairé.

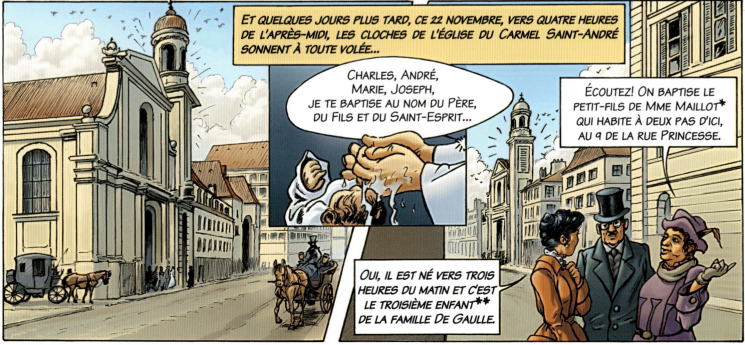

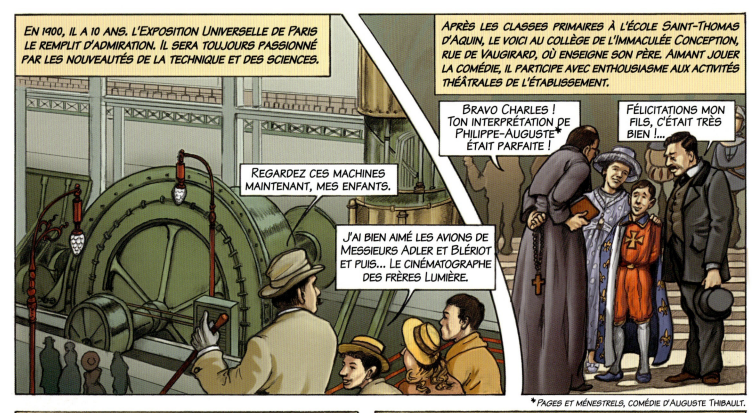

Il rédige également quelques saynètes qu'il joue devant sa famille. Il a de qui tenir car son grand-père paternel, Julien Philippe de Gaulle, et surtout sa grand-mère Joséphine, ont été des écrivains prolifiques...

Un jour, feuilletant « Le Journal d'Alençon »...

— Tiens, un concours organisé pour la meilleure pièce en vers d'un jeune de moins de 16 ans ! Pourquoi pas ? J'ai justement écrit l'an passé une petite comédie en alexandrins. Peut-être qu'en la remaniant...

Et quelques semaines plus tard...

— Félicitations Charles ! Tu as remporté le 1er prix avec ta pièce, « Une mauvaise rencontre », que tu as signée du pseudonyme de Charles de Lugale !

— Être publié, cela va de soi !

— Et que choisis-tu comme récompense ? 50 francs or, ou bien être publié à 50 exemplaires par l'imprimerie de Montligeon ?

Depuis les lois de 1901, la France vit dans un contexte politique très anticlérical. Les congrégations religieuses enseignantes sont interdites ; les édifices religieux deviennent propriétés de l'État, du département ou de la commune. L'Église est définitivement séparée de l'État. La famille De Gaulle, monarchiste et catholique libérale, est profondément troublée.

— Puisque le collège de la rue de Vaugirard, qui appartient aux Jésuites, risque d'être fermé, j'ai décidé d'envoyer Charles, Jacques et leur cousin Jean en Belgique, chez « les bons pères » près de Tournai * pour la rentrée d'octobre 1907.

Il va y mener une vie très studieuse. Cela n'empêche pas les loisirs et la détente : promenades, baignades l'été et matchs de football. Charles a un bon coup de pied et prend souvent le sifflet.

— Il aime déjà arbitrer !

Au château d'Antoing

L'ANNÉE SCOLAIRE ACHEVÉE, CHARLES EST DE RETOUR À PARIS. AU COURS DU MOIS DE JUIN 1908, LE VOICI EN ALLEMAGNE POUR UN SÉJOUR LINGUISTIQUE...

UNE LETTRE DE CHARLES. TOUT VA BIEN. ÉCOUTEZ ! IL ÉCRIT QUE DANS TOUTES LES COMMUNES VOISINES DE RIEDEN, OÙ IL RÉSIDE, ON PEUT VOIR UNE QUANTITÉ ÉTONNANTE DE PLAQUES PORTANT LES NOMS DES SOLDATS MORTS EN FRANCE PENDANT LA GUERRE DE 1870...

...IL AJOUTE ÉGALEMENT QUE LES JOURNAUX ALLEMANDS SONT MONTÉS CONTRE NOUS AU SUJET DE NOS AMBITIONS SUR LE MAROC, QU'ILS AIMERAIENT BIEN VOIR DEVENIR UNE COLONIE ALLEMANDE. CHARLES DIT ENCORE QU'IL S'AGIT LÀ DES MALAISES PRÉCÉDANT LES GRANDES GUERRES.

DIEU NOUS EN GARDE !

LES VACANCES TERMINÉES...

BIEN, PUISQUE TU AS TES DEUX BACCALAURÉATS, ET QUE TU SOUHAITES EMBRASSER LA CARRIÈRE MILITAIRE, RIEN NE S'OPPOSE À CE QUE TU PRÉPARES LE CONCOURS D'ENTRÉE À SAINT-CYR AU COLLÈGE STANISLAS. C'EST UN ÉTABLISSEMENT RÉPUTÉ.

TOUT EN TRAVAILLANT TRÈS SÉRIEUSEMENT À « STAN », CHARLES NE PEUT S'EMPÊCHER D'ÉCRIRE DEUX NOUVELLES : « ZALAÏNA », DONT L'HÉROÏNE EST UNE VAHINÉE, ET « LA FILLE DE L'AGHA », QUI SERA PUBLIÉE EN 1910 DANS « LE JOURNAL DES VOYAGES », SANS OUBLIER QUELQUES POÈMES.

À 19 ANS, CHARLES EST REÇU À L'ÉCOLE SPÉCIALE MILITAIRE DE SAINT-CYR. POUR FAIRE SES CLASSES, IL CHOISIT LE 33ème RÉGIMENT D'INFANTERIE À ARRAS. LE VOICI SIMPLE BIDASSE. L'ÉLÈVE OFFICIER DE GAULLE SE MONTRE D'EMBLÉE IMBATTABLE AUX ÉPREUVES DE MARCHE.

DOUBLE MÈTRE* NOUS CRÈVERA TOUS !...

FAUT DIRE QU'AVEC LES JAMBES QU'IL A !!!

UN AN PLUS TARD, IL PEUT REJOINDRE SAINT-CYR. IL EN SORTIRA SOUS-LIEUTENANT, EN OCTOBRE 1912, 13ème SUR 211, « PROMOTION FEZ ».

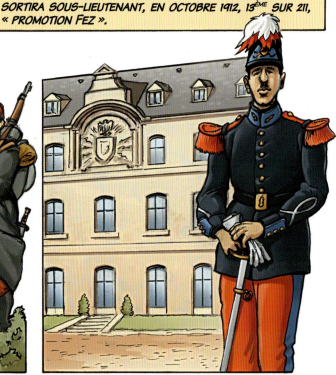

*SURNOM DONNÉ À CHARLES

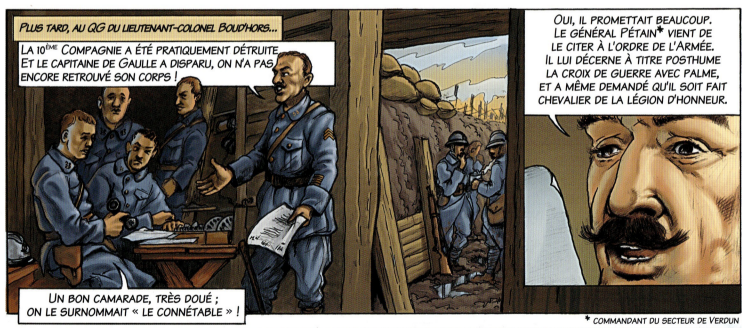

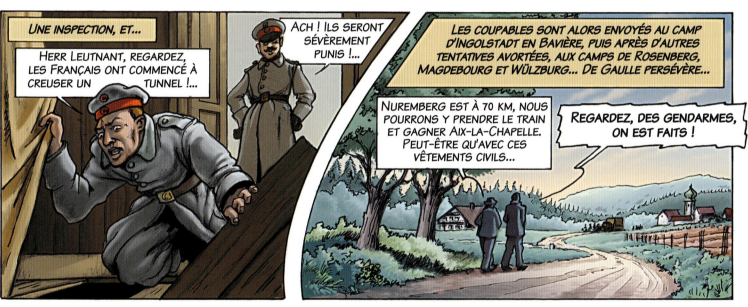

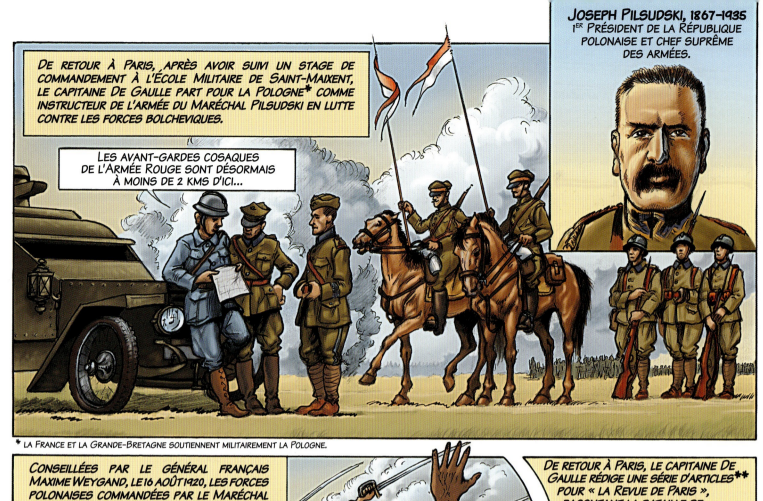

* parti ouvrier national-socialiste allemand (Nationalsozialistische deutsche Arbeiterpartei).

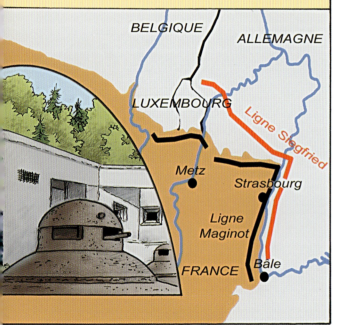

** Edifiée à l'initiative du Ministre de la Guerre André Maginot entre 1927 et 1936.

* 1932
** 1934

PENDANT CE TEMPS, DE LOURDS NUAGES S'ACCUMULENT SUR LE MONDE. LE JAPON, EXPANSIONNISTE, OCCUPE LES PROVINCES DU NORD DE LA CHINE.

UNE TERRIBLE GUERRE CIVILE ÉCLATE EN ESPAGNE, OPPOSANT LES NATIONALISTES DU GÉNÉRAL FRANCO, APPUYÉS PAR LES ALLEMANDS ET LES ITALIENS, AUX RÉPUBLICAINS AIDÉS PAR LES SOVIÉTIQUES.

L'ITALIE FASCISTE DE MUSSOLINI ENVAHIT L'ÉTHIOPIE AU COURS DE L'ANNÉE 1935.

DE SON CÔTÉ, HITLER RÉOCCUPE LA RIVE GAUCHE DU RHIN* LE 7 MARS 1936, SANS AUCUNE RÉACTION DE LA FRANCE.

* DÉMILITARISÉE À LA SUITE DU TRAITÉ DE VERSAILLES DE 1919.

LA FRANCE, EST SECOUÉE PAR UNE SUCCESSION DE CRISES POLITIQUES ET SOCIALES. AU PRINTEMPS 1936, LE « FRONT POPULAIRE », COMPOSÉ DE SOCIALISTES, DE RADICAUX ET DE COMMUNISTES, REMPORTE LES ÉLECTIONS. LES SALAIRES AUGMENTENT, LES TRAVAILLEURS BÉNÉFICIENT DE LA SEMAINE DE 40 HEURES ET DE DEUX SEMAINES DE CONGÉS PAYÉS. BEAUCOUP DE FRANÇAIS PEUVENT ALORS DÉCOUVRIR LA MER, LA CAMPAGNE OU LA MONTAGNE.

LE LIEUTENANT COLONEL DE GAULLE QUITTE LE SECRÉTARIAT GÉNÉRAL DE LA DÉFENSE POUR L'ENSEIGNEMENT DU CENTRE DES HAUTES ÉTUDES MILITAIRES. PROMU COLONEL EN 1937, TOUJOURS CLAIRVOYANT SUR LES ÉVÉNEMENTS, IL POURSUIT SON COMBAT.

LE MONDE EST FOU. LA SDN* N'INTERVIENT PAS ; LES OCCIDENTAUX NE BOUGENT TOUJOURS PAS ; HITLER NE SE GÊNE PLUS ; QUI L'ARRÊTERA ?

UNE CONTRE-ATTAQUE FOUDROYANTE AURAIT PERMIS DE CHASSER LA WEHRMACHT** DE RHÉNANIE ET D'ÉVITER BIEN DES ENNUIS À VENIR... DEMAIN, CE SERA AU TOUR DE L'AUTRICHE, LA TCHÉCOSLOVAQUIE, PUIS LA POLOGNE...

* SOCIÉTÉ DES NATIONS, ANCÊTRE DE L'ONU.
** ARMÉE ALLEMANDE

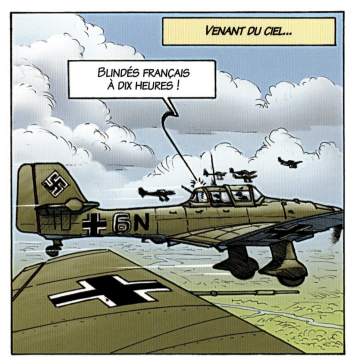
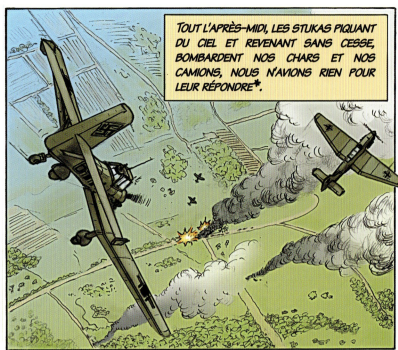

* Charles De Gaulle (Mémoires de guerre)

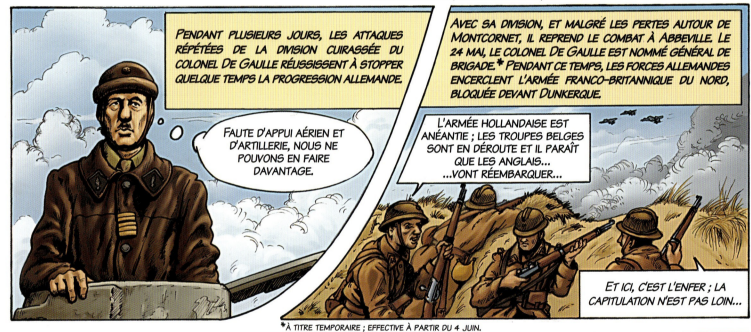

* À titre temporaire ; effective à partir du 4 juin.

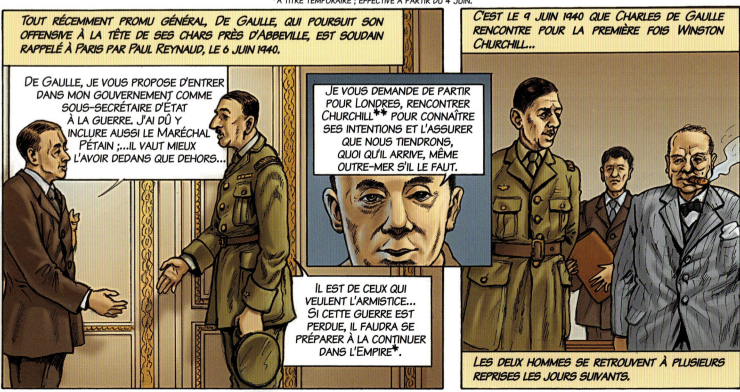

* Les colonies françaises.   ** Premier ministre anglais

Le 16 juillet, Hitler déclenche l'opération « Blitz* », le bombardement intense sur les villes...

*ÉCLAIR

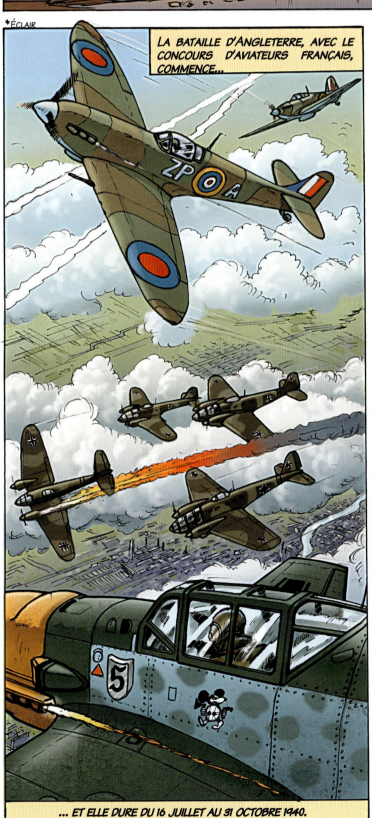

La bataille d'Angleterre, avec le concours d'aviateurs français, commence...

... et elle dure du 16 juillet au 31 octobre 1940.

Londres en flamme résiste. Dans son bureau du 4 Carlton Garden, le général travaille d'arrache-pied.

Ainsi donc les journaux de Londres annoncent maintenant que Vichy vient de me condamner à mort par contumace avec confiscation de tous mes biens*...

Mon général, la nouvelle fait tant de bruit que des anonymes viennent déposer des bijoux pour que vous puissiez continuer le combat.

*2 AOÛT 1940

Lors d'une nouvelle rencontre avec Churchill...

Monsieur le Premier Ministre, nos colonies d'Afrique sont un atout indispensable dans la poursuite de la guerre. Je propose que nous agissions vite avant qu'elles ne deviennent des bases allemandes.

C'est également mon avis, Dakar pourrait être le lieu de débarquement et le signal des ralliements.

L'expédition franco-britannique échoue. Mais, entre-temps, le Tchad, le Cameroun, le Congo et l'Oubangui-Chari* s'étaient ralliés à la « France Libre »...

*ACTUELLE CENTRAFIQUE.

...Ainsi que la Polynésie, Tahiti, les Nouvelles-Hébrides, la Nouvelle Calédonie et les comptoirs de l'Inde.

Pendant ce temps la guerre redouble en Russie. De Gaulle envoie l'escadrille française « Normandie »* combattre sous notre drapeau en Union Soviétique.

*Escadrille Normandie-Niemen – 5420 missions et 273 victoires.

Les Américains attaquent dans le Pacifique...

RAKATAKATAKATAKA...

Et les sous-marins allemands torpillent les convois américains dans l'Atlantique.

En Libye, sur la position de Bir Hakeim, la 1ère brigade française libre*, aux ordres du général Kœnig, tient tête pendant quinze jours à de puissantes forces italo-allemandes commandées par Rommel.

BAOM! BAOUM!

Et après avoir brisé l'encerclement ennemi, les rescapés français rejoignent les colonnes britanniques. L'Egypte est sauvée !...

*Avec notamment la 13ème demi-brigade de la Légion Etrangère et le Bataillon du Pacifique.

Ces mêmes britanniques débarquent à Madagascar, tandis que la Réunion, puis Djibouti, se rallient à la France libre.

Ici Londres, les Français parlent aux Français... Messages personnels... Les cigognes ont quitté leur nid...

C'est pour nous !...

En France, les réseaux de résistance sont désormais regroupés sous la seule autorité du général De Gaulle. Grâce à la BBC, de nombreux messages codés peuvent leur parvenir chaque jour.

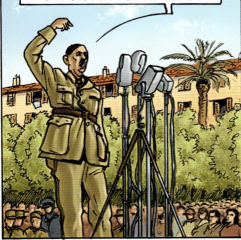

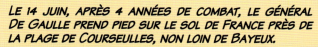

* Général de Lattre de Tassigny

Deux mondes vont se retrouver opposés. Selon l'expression de Churchill, l'Europe est désormais coupée en deux par « un rideau de fer ».

Une décision qui résultait de la conférence de Yalta en Crimée, du 4 au 11 février 1945, entre l'Angleterre, les États-Unis et l'Union Soviétique...

La France ayant été la grande absente !

Pourtant, grâce à l'insistance de Churchill, une partie des zones d'occupation anglo-saxonnes en Allemagne lui sera attribuée.

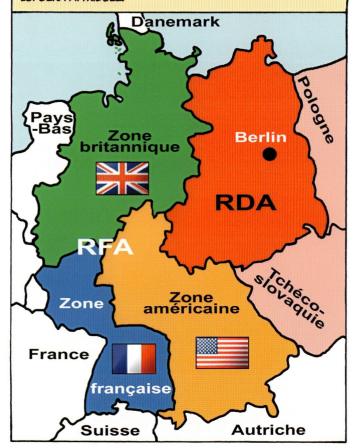

... et à Berlin...

De Gaulle s'attache à ressusciter la France sur la scène internationale. Dès décembre 1944 il se rend à Moscou pour rencontrer Staline.

Roosevelt, et son successeur, Truman, à Washington...

À peine ce conflit mondial est-il achevé que de graves troubles éclatent en Algérie. À Sétif*, une émeute éclate. La répression est particulièrement sanglante...

— VIVE L'ALGÉRIE INDÉPENDANTE !
— VIVE L'ALGÉRIE INDÉPENDANTE !

NEUF ANNÉES PLUS TARD CE SERA L'EXPLOSION !

* 8-10 MAI 1945

L'Indochine, redevenue française, revendique son indépendance. Une nouvelle guerre commence qui se soldera par une défaite militaire en 1954**.

** À Diên Biên Phu.

Le général ne reste pas inactif. Il entreprend plusieurs voyages en province. À Bayeux, le 16 juin, deux ans après son entrée triomphale dans cette ville lors de la libération, il rappelle ses vues en matière constitutionnelle.

— Les partis préparent une constitution* qui conduira à l'impuissance, comme sous la 3ème République... ...Le chef de l'État doit se trouver au-dessus des partis... garant de l'indépendance nationale.

*Constitution votée avec seulement 36% des voix.

Le 16 janvier 1947 c'est le socialiste Vincent Auriol qui est élu président de la toute jeune 4ème République.

Vincent Auriol
1884-1966

Encore une fois, seul contre tous les partis, De Gaulle engage la bataille politique. Le 7 avril, à Strasbourg...

— La nation n'a pas pour la guider un État... à la hauteur des problèmes qui se dressent devant elle. Il est temps que se forme et s'organise, dans le cadre des lois, le Rassemblement du Peuple Français*.

Le « mouvement gaulliste » était né.

*RPF

Aussitôt, les adhésions affluent. Le RPF atteint 40% des voix aux élections municipales d'octobre 1947, et emporte les mairies des 13 plus grandes villes de France. Les partis s'inquiètent et crient même à la dictature. Ainsi le président du Conseil Léon Blum...

— L'entreprise gaulliste n'a plus rien de républicain !

Pour les élections législatives de 1951, le Parlement modifie la loi électorale afin de brider le RPF. Puis à la suite de dissensions dans ses rangs, De Gaulle le dissout.

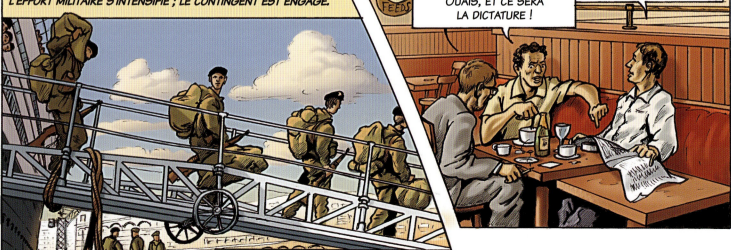

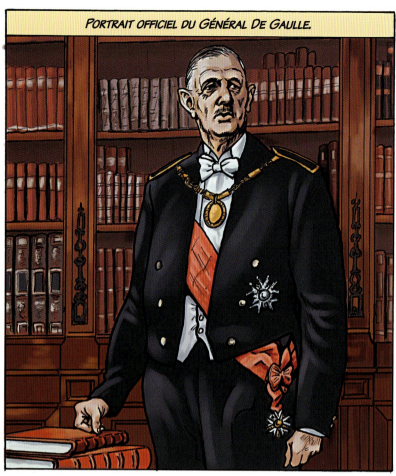

Portrait officiel du Général De Gaulle.

Le même jour, il nomme Michel Debré premier ministre.

Les élections législatives d'octobre 1958 avaient donné une forte position au nouveau parti gaulliste : l'UNR*.

*Union pour la Nouvelle République.

Sans tarder, le nouveau président se concentre sur le problème algérien et franchit une étape. Le 16 septembre 1959, à la télévision...

« Le sort des Algériens appartient aux Algériens non point comme le leur imposeraient le couteau et la mitraillette, mais suivant la volonté qu'ils exprimeront librement par le suffrage universel. »

...Je considère comme nécessaire ce recours à l'autodétermination...

...L'indépendance n'est pas loin...

Mais comment vont réagir les Français d'Algérie ?...

Dès 1960, c'est une indépendance dans l'amitié avec la France que vont acquérir les territoires français d'Afrique et Madagascar, qui étaient regroupés au sein de la « Communauté »*.

*À l'exception de la Guinée – indépendante depuis 1958.

Possessions françaises d'Afrique – AOF-AEF.

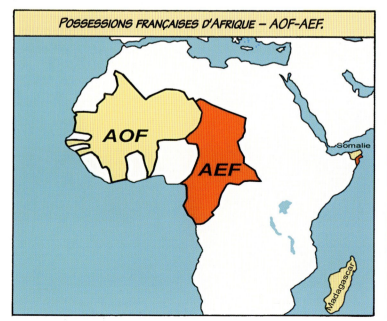

États africains francophones indépendants.

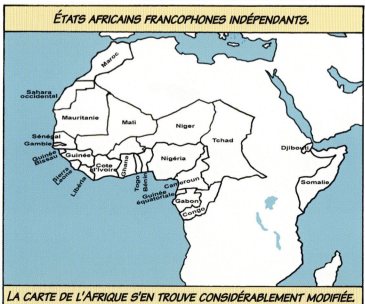

La carte de l'Afrique s'en trouve considérablement modifiée.

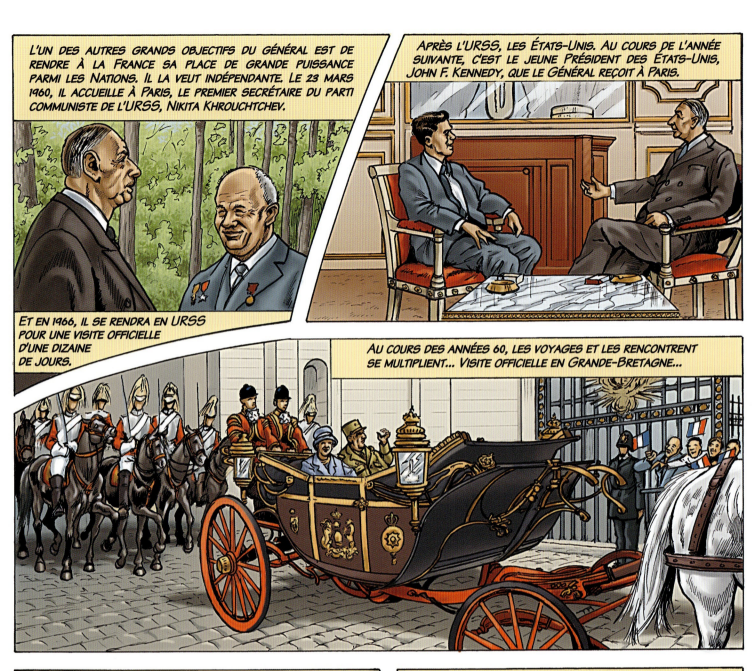

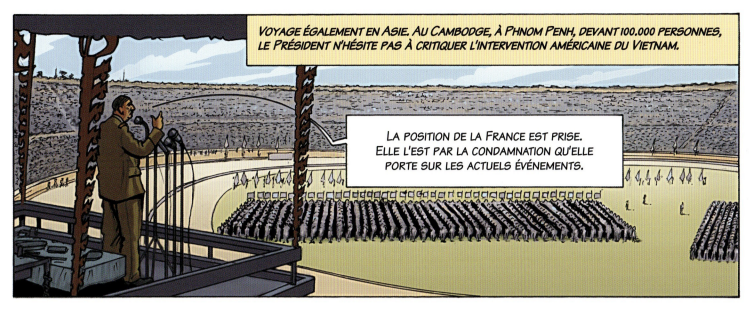

C'est par le nucléaire que De Gaulle souhaite d'abord assurer l'indépendance énergétique et militaire. La première explosion atomique française a lieu en 1960 à Reggane, au Sahara.

Les expériences se poursuivront ensuite dans le Pacifique, au large de l'archipel de Mururoa.

Une force de frappe française est nécessaire. Les premières fusées sont testées également au Sahara.

Le 29 mars 1967, à Cherbourg, le Général préside au lancement du « Redoutable », premier sous-marin nucléaire français lanceur d'engins.

La France placera sur orbite son premier satellite artificiel « Astérix » en 1965.

Pour être entendue, la France doit également être une puissance économique et industrielle. Le Général s'attaque également à cette tâche. Il visite les laboratoires, les centrales atomiques ; le 11 mai 1960, au Havre, il assiste au lancement du paquebot « France »...

Et, en 1969, c'est un avion révolutionnaire...

— Voilà le Concorde 001, mon général !...

Avec De Gaulle, la France entre dans la modernité. La production industrielle s'accroît de 5,5% par an... Des villes nouvelles sont créées autour de Paris. Le 14 décembre 1963, la Maison de la radio ouvre ses portes.

— Enfin les studios ne seront plus dispersés aux quatre coins de Paris.

— Du bon travail en perspective !

En 1966, il inaugure également une autre merveille de la technique française « L'usine marémotrice de la Rance ».

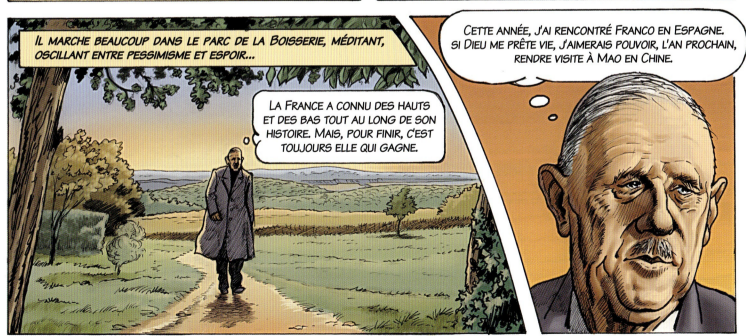